El Extraño Yeti presenta

Corazón y Cerebro

Traducción: Joan Eloi Roca

PRINCIPAL

Reparto

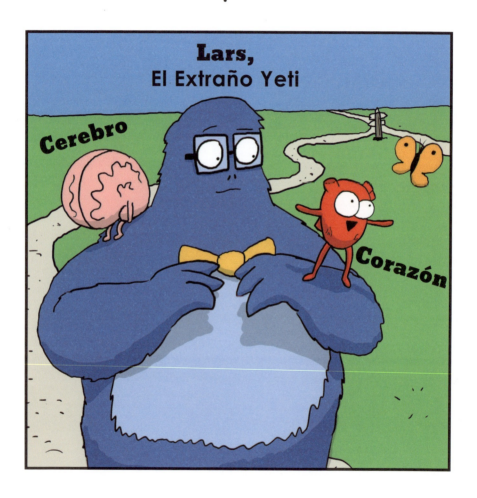

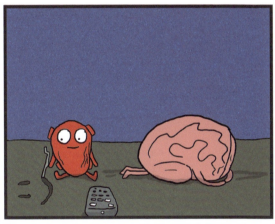

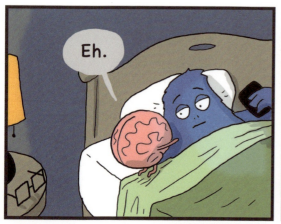

¿Todo bien?

Me he dado cuenta de que nunca seré tan feliz como cuando era niño.

Ya no soy tan divertido como solía y lo único que hago es preocuparme por el futuro.

¿Cómo es que TÚ sigues tan feliz?

¡Dejo que TÚ te preocupes por los DOS!

Lars, es mejor que te lo diga yo que un extraño...

pero deberías empezar a ir al gimnasio.

Oh...

Me cuesta concentrarme...

y Corazón se ha vuelto perezoso.

De acuerdo. Me has convencido. ¡Vamos!

¡Buf! El momento ha pasado.

¡Pidamos PIZZA!

11

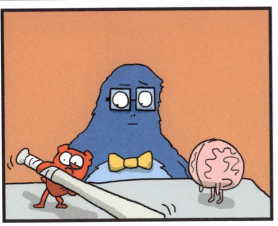

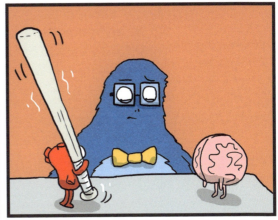

14

¿Qué estás HACIENDOOOO?

¡Ordenando TU CAOS!

¡No hay tiempo para LIMPIAR! ¡TENEMOS QUE DIVERTIRNOS!

¡Eres imposible! ¡¿QUÉ VAN A DECIR NUESTROS AMIGOS?!

¡Pues haremos AMIGOS NUEVOS!

¡Hola, encantada de conocerte, soy Anne!

¿Lo has pillado?

Se llama Kim. Lo tengo.

¿Estás SEGURO?

Eh, colega. Si quieres, lo recuerdo, pero tendré que olvidar alguna OTRA cosa, ¿vale?

Trato hecho.

GLRBFLRB FLGRPLGL GBRPL FRPL

¡¿HABLAR?! ¿Te has olvidado de cómo HABLAR?

Tranquilo. Solo de cómo hablar a las mujeres.

Eh, Lars, ¡BUEN FIN DE SEMANA!

¿A dónde vas?

¡Son solo las nueve de la mañana!

¿Sí? Bueno, ya sabes cómo es el tráfico los viernes.

¡No le necesitamos!

¡Tenemos este vídeo de un perrito vestido con esmoquin!

¡SUBE EL POST!

Vale, hecho.

¡ALGUIEN HA COMENTADO!

¡CONTESTA EL COMENTARIO! ¡RÁPIDO!

eh eh eh

Tranquilo.

Si contestamos demasiado rápido pensarán que estamos obsesionados y no tenemos nada más que hacer.

Vamos a estudiar los defectos de nuestro post y luego contestamos.

29

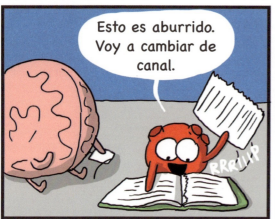

¿Sabes que los estudios han demostrado que la gente disfruta más de la comida cara?

Incluso si la comida es la misma, el mayor precio se asocia con calidad.

Sus cerebros les convencen a nivel neurológico de que la calidad es mejor, y de verdad la disfrutan MÁS.

Apuesto a que yo notaría la diferencia.

El aire ahí es «Premium».

SNIFF... ¡Uau, es asombroso! ¡Es barato para lo bueno que es!

¡POR LAS BARBAS DE WASHINGTON, QUÉ GRAN OFERTA!

¡COMPRA UNO, LLÉVATE EL SEGUNDO GRATIS!

¡ES COMO SI ACABÁRAMOS DE GANAR LA LOTERÍA!

Pero necesitamos CERO de estas cosas. ¿Cómo va a ser un buen trato?

¡Eh, bolsita boba de sinapsis, que el SEGUNDO es GRATIS!

Pero...

SHHHHH

41

¿Crees que alguna vez tendremos nuestra GRAN OPORTUNIDAD?

Las posibilidades de «triunfar» son minúsculas.

Es fácil creer que la gente con éxito ha tenido suerte.

Pero en la mayoría de los casos han trabajado duro para llegar donde están.

Si quieres algo de verdad, GÁNATELO.

Sí... lo único que necesitamos es esa GRAN OPORTUNIDAD.

Deberíamos crear una empresa.

¡SÍ!

Aquí tengo un montón de frases para inspirarnos.

Corazón, necesitamos empezar con una gran idea y trabajar desde allí.

¡No podemos simplemente HABLAR de éxito; necesitamos estar dispuestos a trabajar más duro que nunca!

¡Lee aunque sea UNA! Nos motivará

Vale.

«El camino al éxito está sembrado de consejos genéricos.»

Profundo.

51

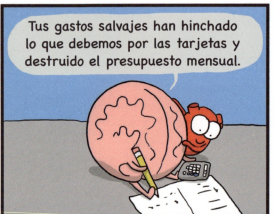

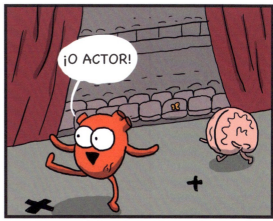

57

¡Vayamos a una fiesta!

Admito que hacer unos pocos amigos fuera de Internet nos haría bien.

¡Venga, vamos!

¡Sin embargo, creo que subestimas lo aburridos que somos!

Eso lo serás tú. NOSOTROS no. TÚ ERES aburrido.

Ahora me siento cohibido.

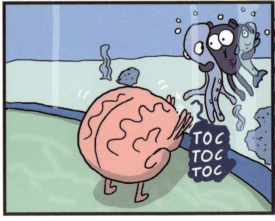

MASCOTAS

¡VENTA DE BICHOS!

¡VAYA!

¿Podemos entrar a ver los cachorros?

Claro, disfruta un poco.

¡UGA-BUGLI-BÚ BUGI-BÚ!

¡¿Qué son esos ruidos que haces?!

¡TEN!

¡Oooh! ¿Quién es un pequeño bugli-bú?

¿VES? ¡SON INVOLUNTARIOS!

64

66

¿Crees que nuestros aparatos se apoderarán del mundo?

¿Me preguntas si nos volveremos tan dependientes de la tecnología que no podremos funcionar sin ella?

Porque, en muchos sentidos, YA se ha apoderado del mundo.

Confiamos tanto en la tecnología que a la mayoría le costaría mucho vivir sin ella.

No... Quiero decir... ¿Se convertirán en robots y nos esclavizarán?

Oh, probablemente.

Sería increíble descubrir CUALQUIER tipo de vida en otro planeta.

Pero creo que lo que la gente REALMENTE quiere encontrar es una especie AVANZADA.

¡Una que nos pueda dar todas las RESPUESTAS!

¿Y si los alienígenas fueran en realidad GATITOS muy listos?

Fuera cual fuera su aspecto, sería un descubrimiento asombroso.

Aunque unos gatos alienígenas sin duda convertirían a la raza humana en su esclava.

¡OOOH, GATITOS!

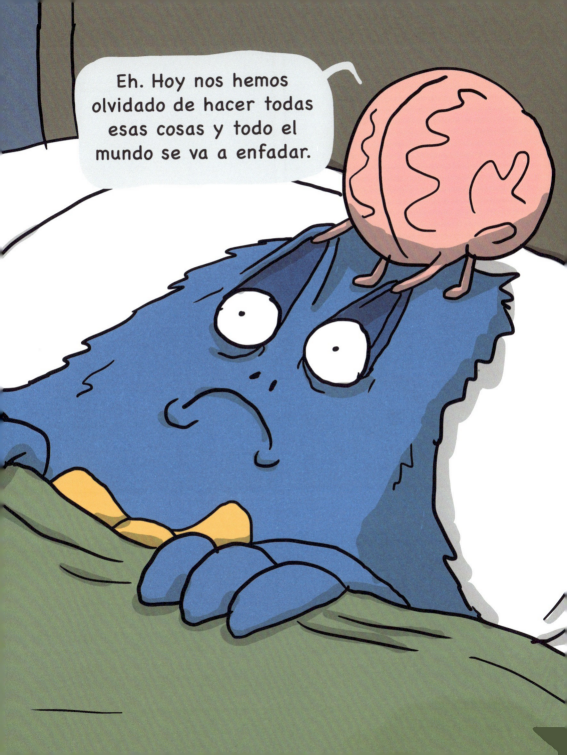

¿Y si AHORA MISMO, este momento, son nuestros «buenos viejos tiempos»?

¿En veinte años, cuando volvamos la vista atrás, será ESTA la época que más echaremos de menos?

¡¿Quieres decir que nuestros YOS FUTUROS están VIENDO lo que hacemos AHORA MISMO?!

Sí, supongo que podría decirse así.

¡Si estos van a ser los buenos viejos tiempos, no perdamos ni un segundo!

¡Vamos a montar un GRAN ESPECTÁCULO para nosotros!

¿Puedes imaginar cómo sería el mundo si nos centráramos en nuestro avance cultural?

Quiero decir, si nos preocupara más crear y aprender que ganar dinero fácil...

¡Podríamos hacer CUALQUIER COSA!

¡VAYA!

¡¿Podemos montar una parada de tacos en la LUNA?!

Hipotéticamente... pero esa no es la...

Diculpad que interrumpa, pero ¿he oído que vamos a salir a por tacos espaciales?

¡SÍ!

81

¿No deseas alguna vez poder volver atrás diez años?

Imagina volver a empezar sabiendo lo que sabes ahora.

Podríamos invertir mejor, llevar mejor nuestra carrera...

¡Podríamos dejar de arrepentirnos de todas nuestras decisiones!

¡VAMOS A LA MÁQUINA DEL TIEMPO!

Estoy teniendo una crisis de identidad y he decidido ser Batman.

¿Realmente quieres ser alguien que vive en el pasado y lucha fútilmente por la justicia?

Bueno, no sé...

Sé la mejor versión de TI MISMO y te irá de fábula.

¡Vaya! ¡Muchas gracias!

Corazón tontuelo...

Todo el mundo sabe que SIEMPRE hay que ser Batman.

¿Has pensado alguna vez en la frase «la búsqueda de la felicidad»?

No solo felicidad, sino la BÚSQUEDA. Eso quiere decir que admitimos que no hay garantías.

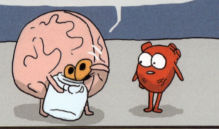

Es una lucha constante para encontrar el siguiente momento feliz, con trabajo duro y rendimientos decrecientes.

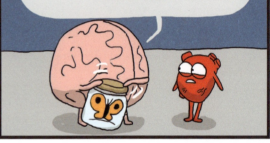

Cuanto más experimentamos, más difícil es replicar esos momentos.

¡Aunque solo quede UN momento feliz para nosotros ahí fuera, voy a ENCONTRARLO!

Ve, pues. Tráemelo.

¡Alguien ha sido cruel conmigo!

¿Sabes POR QUÉ?

No...

Yo te diré por qué. Es porque quieren lo que TÚ tienes.

¡No son felices y vienen a robar TU felicidad!

¡Pero no pueden tenerla, y eso los pone FURIOSOS!

Dar está en tu naturaleza, pero esto es algo que tienes que quedarte para ti mismo.

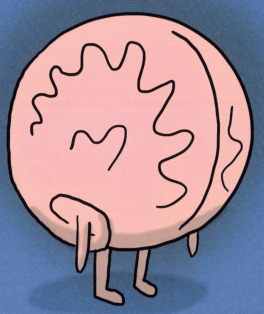

Vayamos a un museo de arte.

¡VAYA!

¡ME ENCANTA EL ARTE!

Necesitamos refrescar nuestros conocimientos de Historia del Arte.

No, ¡necesitamos refrescar el MIRAR COSAS!

¿No sería DIVERTIDO si pudiéramos unirnos a alguna conversación inteligente de vez en cuando?

Oh, pobrecito. No sabes lo que significa «divertido».

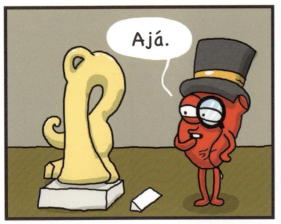

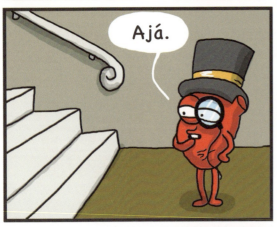

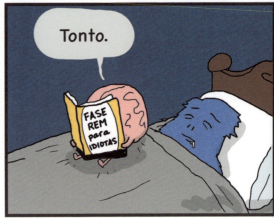

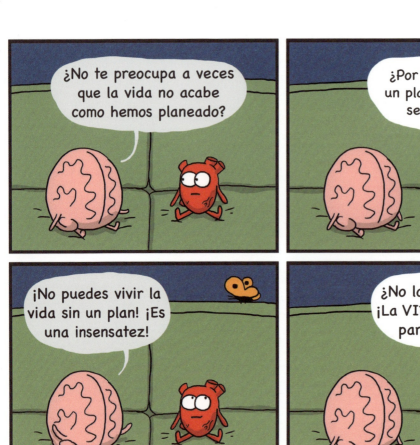

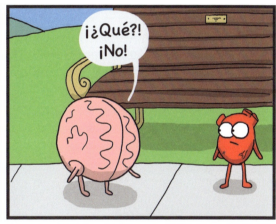

Me siento triste. ¡Pero también feliz!

Es porque he recordado un momento feliz de nuestra infancia.

Se llama nostalgia. El recuerdo te hace feliz, pero al mismo tiempo añoras ese momento.

¡Quiero volver a vivir un momento como ese! ¡¿Dónde consigo uno NUEVO?!

No lo sé.

Ojalá lo supiera.

¡Piensa a fondo!

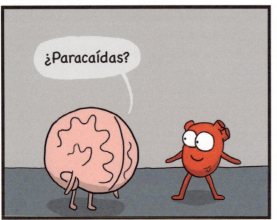

100

¿No piensas alguna vez que deberíamos habernos dedicado a algo más noble?

¿Como ser bufones en la corte?

Quiero decir algo fundamentalmente necesario...

¿Como el agua?

Ya sabes, como ser granjero...

Oh.

¡Déjaselo a los que aman las granjas! ¡Nosotros tenemos que darle al mundo aquello que AMAMOS!

¡Seguir el camino que es adecuado para nosotros tiene su propia nobleza!

Además, habríamos sido unos pésimos granjeros.

Sí, desde luego.

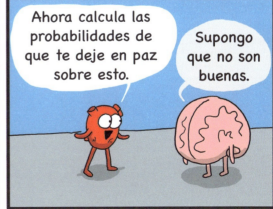

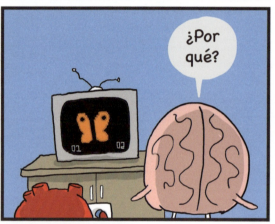

¿Te acuerdas de aquella vez que fuimos al cine?

El taquillero te dijo «¡Disfrute de la película!» y le contestaste «Igualmente».

¡TÚ me hiciste decir eso!

¿Por qué no LO OLVIDAS? ¡Tengo una entrevista de trabajo por la mañana!

Lo siento. Tienes razón.

No pasa nada, vamos a dormir.

¡DEBERÍAMOS analizar TODOS LOS POSIBLES ESCENARIOS en los que podemos pifiarla en la ENTREVISTA!

Si tuvieras que sobrevivir perdido en el bosque, ¿qué ÚNICA cosa te llevarías?

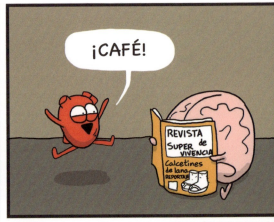

¡CAFÉ!

¿Café? ¿Cómo diantre va a ayudarte el café a sobrevivir?

¡Nos ayudaría a pensar en cómo sobrevivir!

¿Qué clase de café?

¿Te arrepientes de cosas?

Sí, claro. Hay cosas que tenían sentido en su momento pero que ahora haría de forma distinta.

Por lo general pasa cuando TÚ me nublas el juicio con tus ideas locas.

Pero así es la vida, y debo aprender de mis errores.

¡Tengamos un chimpancé!

¡Esta vez cuidaré de él!

He decidido empezar a potenciar mis opiniones con la palabra «técnicamente».

Espero uno de los siguientes dos escenarios:

Uno, desarma al otro al dar a entender que tengo unos conocimientos que ignoraba.

O dos, la ironía de mi arrogancia lo enfurece, obligándolo a refutarme enfadado.

En cualquier caso, me da ventaja.

¿No puede ser simplemente que tengáis opiniones distintas?

Técnicamente, no.

Si cambias de **perspectiva...**

CUALQUIER COSA puede ser bella.

Una larga brizna de hierba...

incluso esta flor tan fea.

No dejes que la SOCIEDAD te diga lo que debes pensar.

¡AUN ASÍ TENEMOS QUE CORTAR EL CÉSPED!

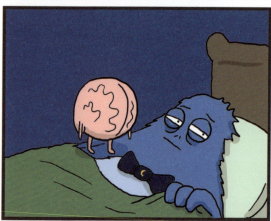

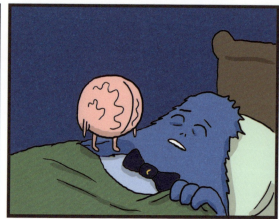

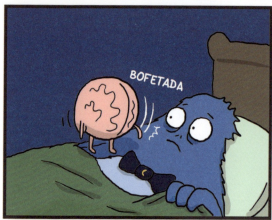

Tenemos que levantarnos o llegaremos tarde.

uuuff

Es tan TEMPRANO. Nada parece REAL.

No me siento las neuronas.

Oh, uau...

¡Es tan BONITO! ¡Brilla el sol, cantan los pájaros, la gente pasea a sus PERROS!

¡ME... ME ENCANTA LA MAÑANA!

Has visto demasiado.

He estado pensando mucho sobre la «gran pregunta».

¡Ah, sí! ¿Qué SENTIDO tiene todo?

¿De dónde viene el universo?

¿Quién acierta y cuáles son las consecuencias de EQUIVOCARSE?

¿Tiene mi vida un IMPACTO para mejorar la de la siguiente generación?

Me refería a si pedimos pizza o nachos...

Ah, ya veo...

Una pregunta todavía más profunda.

¿Quizá ambas cosas?

Creo que es difícil para la gente comprender lo importante que es la naturaleza.

La Tierra es una gran cosa viva que compartimos todos...

pero vivimos como PARÁSITOS.

Es triste pensar que podríamos acabar destruyendo el planeta por no hacer el esfuerzo de cambiar.

¡Pues HAGAMOS ALGO!

No. Ya se le ocurrirá algo a otro.

Si te visitara un extraterrestre, ¿qué le preguntarías?

Ni idea. ¡Vayamos nosotros a visitarlos a ELLOS!

Creo que yo querría saber cómo consiguieron que su especie siguiera avanzando.

Cómo decidieron poner la exploración y el conocimiento por delante del comercio y la comodidad.

¿Crees que nosotros lo lograremos alguna vez?

PUM PUM PUM

¡Quizá, si dejas de hablar y me das un empujoncito!

¿No es increíble lo lejos que hemos llegado?

Aquí tienes una lista de gente que ha llegado más lejos que nosotros.

Y aquí otra lista de gente cuyo éxito JAMÁS igualaremos.

¡DEJA DE COMPARARTE CON OTROS! ¡SOMOS DIFERENTES!

¡DISFRUTA del punto al que hemos llegado AHORA!

¡No tengo tiempo! ¡Tengo muchas listas que hacer!

Corazón, hay gente en este mundo que hará cualquier cosa por robarte tu felicidad.

Bueno, no es que tengamos TONELADAS. ¿Por qué nos la iban a quitar?

Porque hay gente que no soporta creer que tienes MÁS que ellos.

¿Y si la COMPARTIMOS?

Sí, podemos compartirla. ¡Compartirla y darla hasta que no quede nada!

Pero nunca dejar que nos la ROBEN.

¿Crees que es mejor que te protejan de niño o que te preparen para enfrentarte al mundo?

¡Yo voto por la bendita ignorancia!

Claro, lo imaginaba.

Yo creo que es mejor conocer bien la realidad del mundo, pues así estás mejor preparado para enfrentarte a ella.

Tarde o temprano las cosas que niegas te atraparán y estarás mal preparado para lidiar con el estrés.

¡Bueno, si pasa algo estresante necesitaré más negación!

139

¿Tienes la más MÍNIMA IDEA del trabajo que me cuesta mantenerte entretenido?

Yo hago los planes. Yo organizo las finanzas para que podamos permitirnos probar cosas.

Yo me encargo de la gente y las multitudes, ¡SOLO para que tú puedas disfrutar un breve momento!

¡Así que decirme que te ABURRES es ingrato y muy INSULTANTE!

Oigo el ruido que haces...

Pero NO era lo bastante entretenido como para escuchar.

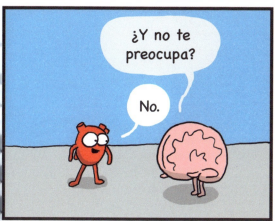

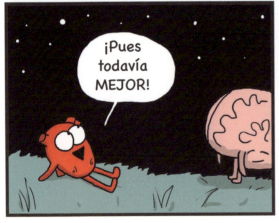

Fin

Primera edición: Abril de 2016
Título original: *Heart and Brain: An Awkward Yeti™ Collection by Nick Seluk*

© Nick Seluk, 2015
© de la traducción, Joan Eloi Roca, 2016
© de esta edición, Futurbox Project, S. L., 2016
Todos los derechos reservados.

Corazón y Cerebro, una colección de El Extraño Yeti, fue publicado originalmente
en Estados Unidos por Andrews McMeel Publishing, una división de Andrews McMeel
Universal, Kansas City, Missouri.

Adaptación de cubierta: Taller de los Libros

Publicado por Principal de los Libros
C/ Mallorca, 303, 2º 1ª
08037 Barcelona
info@principaldeloslibros.com
www.principaldeloslibros.com

ISBN: 978-84-16223-39-8
IBIC: FX
Depósito Legal: B. 6335-2016
Preimpresión: Taller de los Libros
Impresión y encuadernación: Gráficas Cems
Impreso en España — *Printed in Spain*

theAwkwardYeti.com